AF224396

21146

L'INONDATION

DE 1840,

POÈME,

Par M. G. Encontre.

En ce jour-là toutes les fontaines du grand abîme furent rompues, et les bondes des cieux furent ouvertes. GENÈSE, VII. 11.

Les corps morts des hommes seront étendus comme du fumier sur les champs, et comme une poignée d'épis après le moissonneur que personne ne ramasse. JÉRÉMIE, IX. 22.

La charité est l'accomplissement de la loi.
S. PAUL, aux Romains, XIII. 10.

Au profit des Victimes de l'Inondation.

NISMES.

IMPRIMERIE BALLIVET ET FABRE,

RUE DE L'HÔTEL-DE-VILLE,

1841.

Des hommes généreux ont fait entendre de pressans appels : « Assez de malheurs, ont-ils dit, viennent de fondre sur d'innombrables victimes. Que la charité se hâte d'adoucir tant de maux ; que le riche donne de son superflu, le pauvre de son nécessaire ; que la jeune fille se dépouille de ses ornemens, et que la veuve laisse tomber sa pite. » Ces paroles ont trouvé de l'écho dans tous les cœurs : chacun s'est hâté d'apporter son offrande, et moi, pauvre poète, je m'empresse aussi de déposer la mienne.

A Monsieur

LE BARON DE JESSAINT,

PRÉFET DU GARD.

Quand l'orage a détruit les voiles du navire
Et qu'au milieu des flots l'équipage chavire,
Si l'on voit un sauveur se tracer un chemin
Sur la vague en courroux pour vous tendre la main ;

Au bord hospitalier d'un puissant équipage ,

S'il vous prend et vous met à l'abri de l'orage ,

Vous bénissez cent fois ce digne protecteur.

Vous êtes ce sauveur qui tracez votre voie

Vers les toits délaissés où le ciel vous envoie ;

Qui portez en tous lieux un bras réparateur !

Appui du malheureux , œil de la Providence ,

Par vos soins assidus , le pauvre est abrité.

Oui , vous êtes la main de la divinité !

Et moi , je suis l'accent de la reconnaissance ,

Je suis l'écho du ciel et de l'humanité.

Je voudrais être aussi le burin de l'histoire ,

Pour graver votre nom au temple de mémoire.

L'INONDATION

DE 1840.

I.

Le soleil bienfaisant brillait dans l'atmosphère ;
L'été de ses trésors avait comblé la terre ;
L'automne, à son matin, promettait un beau soir,
Et les vins amassés coulaient sous le pressoir.
Les jeux, les ris, les chants, doux enfans du bien-être,
Régnaient à la cité, dans l'asile champêtre.
Tout était dans la joie, et le ciel épuré
Couronnait ce tableau de son flot azuré.
Doux sommeil de l'esprit, aimable quiétude,
Quel réveil vous attend ! Et toi, fatal prélude
Du fléau destructeur, orage, dans tes flancs
Que de sujets de pleurs, que de maux désolans !
Ah ! ce n'est plus le temps où ton eau salutaire
Alimentait la source et fécondait la terre.

Le nuage déjà rétrécit l'horizon.
Moins sombre est la clarté de l'obscure prison
Que le jour incertain qu'intercepte la nue ;
Sur les ailes du vent la pluie est retenue ;
Mais, plus pesant que l'air qui le tient en suspens,
Le liquide sur nous va tomber à torrens.
Bientôt un ouragan se déchaîne avec rage,
Sous ses coups violens ébranle le rivage ;
L'horizon disparaît, l'air siffle horriblement ;
La terre n'offre aux yeux qu'un bouleversement ;
La foudre, avec horreur, roule, éclate et fracasse ;
La terreur, le trépas suivent partout sa trace ;
Le roc au loin s'écroule, et l'écho retentit ;
Sous un déluge d'eau la terre s'engloutit.
Ce n'est point une pluie, un nuage qui tombe :
C'est un vaste Océan, c'est une horrible trombe ;
Et les neiges des monts, s'affaissant sous les eaux,
Sous leurs flots écumeux submergent les coteaux.
Les torrens débordés bondissent avec rage,
Dans les profonds ravins se creusent un passage,
Roulent avec fracas, dans leurs flots effrénés,
Des fragmens de rochers par leur force entraînés ;
Emportent en entier des coteaux sur leurs pentes,
Qui couvrent les vallons de leurs rides flottantes ;
Tracent de vastes lits à de nouveaux ruisseaux,
Déracinent les bois qu'ils traînent sur les eaux,
Ravagent des coteaux, creusent des fondrières
Et troublent dans leurs lits les paisibles rivières.
—La Saône aux pieds des monts voit grossir son courant,
Et ses paisibles eaux se changent en torrent.

L'Ain frémit sur ses bords ; la Seille, débordée,
Entraîne les hameaux dans la plaine inondée.
Le Doubs roule en grondant dans son lit tortueux.
L'Isère, au cours rapide, aux flots impétueux,
S'élargit sur ses bords. La Durance inconstante
Change vingt fois de lit et porte l'épouvante ;
Et le Rhône, grossi du tribut de leurs eaux,
Etend son vaste lit jusqu'aux pieds des coteaux.
Rien ne peut résister à la fureur de l'onde,
Rien ne peut ralentir sa course vagabonde :
Le rivage est rompu, les ponts sont emportés,
Les toits sont envahis par les flots indomptés !

Et je suivais, pensif, les détours de la rive,
Pleurant comme Jonas sur le sort de Ninive ;
Puis, voulant retracer ce douloureux tableau,
Je sondais du regard l'immensité de l'eau ;
Mais, à l'aspect affreux de tant de catastrophes,
Mon esprit inquiet ne trouvait point de strophes ;
Et j'étais si troublé du malheur des humains,
Que trois fois le crayon s'échappa de mes mains.

Hélas ! me dis-je alors, ces campagnes naguère
Offraient aux laboureurs le sort le plus prospère.
Où voguent les bateaux, où nagent les poissons,
Le moissonneur cueillait d'abondantes moissons.
De ses raisins vermeils la vigne était prodigue ;
L'olivier, sous le poids du fruit qui le fatigue,
Etalait à nos yeux son butin désiré,
Et promettait des flots du liquide doré.
La macreuse s'agite aux champs de l'alouette ;
Le serpent se blottit où nichait la fauvette (1) ;

La carpe s'établit au gîte des lapins ;
Le brochet suit sa proie à la cîme des pins.
Où vivaient en repos de nombreuses familles ,
Où dansaient des garçons avec de jeunes filles ,
Où l'écho répétait les chants des laboureurs ,
Où les tendres agneaux bondissaient sur les fleurs ,
Où la nature , enfin , prodiguait ses richesses ,
Le travail ses trésors et le ciel ses largesses ,
Il n'est plus que débris, que dévastation ,
Que ruine , misère et désolation !
Là, de cent *mas* épars les eaux inondent l'âtre ,
Et la vague envahit la cabane du pâtre.
Aiguesmortes , surprise , oppose vainement
Une digue solide au funeste élément :
Déjà dans les maisons la misère se rue ,
Et la faim suit les eaux qui filtrent dans la rue ;
Là , le riche Saint-Gilles au flot impétueux ,
Mêle les flots vermeils de ses vins capiteux ;
Là , gémit Avignon privé de nourriture ;
Bellegarde , envahi , monte sur la toiture ;
Aramon , Saint-Esprit , là , sont hideux à voir ;
Là , Fourques avec Comps placent un drapeau noir.
Vallabrègues , surtout , éprouve la tempête :
On dit que dans ses murs il n'est plus de retraite ,
Et pour fuir l'élément qui désole ses bords ,
On dit que les vivans logent avec les morts.
Arles , qui des Gaulois fut jadis métropole (2),
Qu'embellit Constantin , aujourd'hui se désole.
Roquemaure, qui vit Annibal dans son sein (3),
Se débat sous les flots et sonne le tocsin.

Tarascon , St-Remy, qui vit naître un prophète (4),
Orgon , Château-Renard , ont de l'eau jusqu'au faîte.
Valence, qui d'un pape a retenu les os (5),
Vienne , antique cité, s'affaissent sous les eaux.
Beaucaire dans les flots pousse un cri de détresse ,
Beaucaire qu'on a vu tantôt dans l'allégresse ,
Etonnante cité , fière de ses canaux,
De son pont colossal suspendu sur les eaux ,
De ses brillans bateaux à la vapeur dociles ,
Qui ressemblent de loin à de grands crocodiles ;
De son chemin de fer, chef-d'œuvre des humains ,
Et qu'on dirait qu'un dieu construisit de ses mains ;
Beaucaire , qu'on a vu si brillant tout-à-l'heure ,
Maintenant dans les flots se tord les bras et pleure.
Il voit jaillir les flots sur son pont colossal
Et son chemin de fer se changer en canal.
Puis l'immense cité , Lyon , qui vit naguère
Dans ses murs mitraillés les fureurs de la guerre ,
Lyon , dont le *canut*, le soir, tendant la main,
Sentit bientôt après les horreurs de la faim ;
Lyon , qui supporta la guerre , la famine ,
Voit sous ses fondemens un courant qui la mine.
Le Rhône débordé , majestueux torrent,
Sous les toits des maisons porte son flot errant,
Et montre à l'œil avide et frappé de surprise
Les détours inondés de cette autre Venise.

Remontons, remontons la Saône dans son cours ,
Suivons du Doubs grossi les sinueux détours,
Portons notre regard jusqu'aux bords de la Seille:
Que de cris de détresse ont frappé notre oreille !

Villefranche, Mâcon, Belleville sont-là ;
Châlons, qui vit jadis les fureurs d'Attila (6),
Voit la fureur des eaux plus féconde en ravages.
Louhans est submergé jusqu'au premier étage ;
Voiteur, Thoissey, Guerins, Peseux, Feuillans, Arley,
Cormoranche, Dracé, Bletterans et Ruffey,
Mont-Merle, qui possède une célèbre foire,
Anse, petite ville ancienne dans l'histoire,
Ont cessé d'exister, emportés par les flots.
Les fermiers exilés gémissent sous les eaux ;
Les pâtres, les gardiens, de colline en colline
Sont suivis pas à pas de l'eau qui les ruine.
La timide brebis, le sauvage taureau,
Le camargue indompté nagent au sein de l'eau.
Les uns trouvent la mort, les autres un asile
Sur un point culminant où le flot les exile,
Où leur œil n'aperçoit qu'un horizon sans fin,
Où, sauvé de la vague, ils mourront de la faim.
Les campagnards, surpris au milieu de leurs terres,
Sur des arbres perchés, sur leurs toits solitaires,
Le cœur anéanti par la crainte, l'effroi,
Vont mourir d'insomnie et de faim et de froid.

II.

Faut-il jusques au bout que mon âme froissée
Jette dans les esprit une sombre pensée ?
Nos jours, entrelacés de joie et de douleurs ,
Ont auprès des soucis quelques riantes fleurs ;
L'artiste qui dépeint l'existence éphémère ,
Près de l'urne au parfum place la coupe amère,
Et bien souvent son trait, plus saillant et plus beau ,
Ressort avec éclat des ombres du tableau.
Mais il n'est point ici de jour qui chasse l'ombre :
Dans cet affreux tableau tout est noir, tout est sombre;
Le désespoir s'unit à la calamité,
Et l'effroi de la mort à sa réalité ;
Mais malgré moi mes pas se portent sur la rive
Où la vague du fleuve impétueuse arrive.
Ici, ce sont des cris, des plaintes , des sanglots
Qui viennent se mêler au tumulte des flots ;
Et puis, dans le lointain, ce sont des cris de rage ,
Comme si l'on mettait une ville au pillage.
Ici, vibrent les airs agités par l'airain ;
Plus loin, des ouvriers, de l'eau jusques au rein,
Luttent contre les flots; un peuple se lamente ;
Un village est détruit par la vague écumante ;
Une mère frémit sur le sort d'un enfant
Qu'elle a vu s'abîmer sous le flot triomphant.
Ici, les flots impurs entraînent une bière,
Que des parens en pleurs portaient au cimetière.

Quel est ce malheureux qu'on arrache à son toit ?
Hélas ! depuis trois jours il supporte le froid ,
Et, depuis ce temps-là , privé de subsistance,
Son esprit est tombé dans l'affreuse démence ;
Vainement ses amis s'empressent d'accourir :
Il méconnaît la main qui veut le secourir ;
L'insensé se cramponne au toit de sa demeure ,
Et si près du salut la mort sonne son heure.
Ministre des autels qui naquis pour bénir (7),
Au sein de ton bercail tes jours ont pu finir !
Je frémis de te voir sous l'onde furieuse !

    J'entends dans le lointain la plainte douloureuse
D'une femme : Elle dit : « Venez me secourir ;
Mon enfant dans mes bras tantôt vient de mourir ;
Un autre , jeune encor, va mourir tout-à-l'heure :
Sur mon cœur déchiré depuis deux jours il pleure ;
Il est tremblant de froid ; il demande du pain ,
Et je n'ai rien , mon Dieu ! pour apaiser sa faim !
Je réchauffe en mon sein vainement son jeune âge ;
Son père dans les champs fut surpris par l'orage.
Oh ! qui que vous soyez , venez me secourir !
Mon enfant dans mes bras tantôt vient de mourir. »

    Mais que vois-je, ô mon Dieu ! Sur une pente aride,
Où le Rhône en grondant roule son eau rapide !
Le jeune Mauvoisin allait unir ses jours
A la belle Anaïs objet de ses amours.
Du bouquet virginal déjà la tête ornée ,
Les deux jeunes amans joignaient leurs destinées ,
Et le digne pasteur, aux mots pleins d'onction ,
Venait de leur donner sa bénédiction.

Lu couple bien-aimé descendait côte à côte,
Plein d'ivresse et d'amour, le penchant de la côte ;
Un cortége nombreux les suivait à pas lents ;
Quelques éclairs jetaient leurs feux étincelans ;
Lorsque l'orage affreux tout à coup se déchaîne,
Ebranle la montagne et submerge la plaine !
Sauvez, sauvez leurs jours d'un horrible trépas.
L'amant prend son amante et l'emporte en ses bras ;
Mais le torrent sous lui déracine la roche ;
Aux pointes des rochers d'une main il s'accroche,
Et de l'autre il retient ses tremblantes amours ;
Mais, sur sa tête, l'eau s'amoncelle toujours.
Il se voit entraîné jusques aux bords du Rhône ;
Sa main ensanglantée au rocher se cramponne ;
Ses orteils sont crispés sur les angles saillans ;
Il colle sur les bords ses genoux défaillans ;
Des ongles et des dents il s'accroche au calcaire ;
Le Rhône sous ses pieds roule, ébranle la terre ;
Sa force est épuisée : un vertige lui prend,
Ses pieds glissent..... Sous lui s'entr'ouvre le torrent ;
Il revient aussitôt sur la vague écumante ;
Il tient toujours d'un bras sa malheureuse amante.
Le bateau d'un pêcheur voguait au gré de l'eau,
Il dépose dedans son précieux fardeau.
Mais, ô comble d'horreur ! sa paupière est fermée !
La pâleur de la mort sur son front est semée !
Il l'appelle trois fois de ses rauques accens ;
Un horrible frisson a glacé tous ses sens,
Son désespoir s'éteint, sa force l'abandonne,
Et son corps ballotté sous le flot tourbillonne !

Détournons nos regards de ces lieux pleins d'horreur ;
Suivons des flots grossis la constante fureur.
C'est à Lyon, surtout, que la scène est frappante ,
Et que l'œil curieux se glace d'épouvante :
La Saône furieuse et le Rhône géant ,
De leurs flots réunis forment un Océan ,
Portent dans les maisons le tribut de leur onde,
Tantôt ralentissant leur course vagabonde ,
Tantôt tourbillonnant , et, par sauts et par bonds ,
Faisant jaillir leurs eaux sur les piliers des ponts.
Les usines , bateaux amarrés au rivage ,
Les lavoirs , qui formaient un mobile village ,
Par la vague en courroux arrachés violemment ,
Suivent l'impulsion du terrible élément ,
Brisent avec fracas , comme un roseau fragile ,
Le gigantesque pont , qui croule sur sa pile ;
Ou bien contre les ponts eux-mêmes sont broyés ;
Les flots hurlent au loin par le choc renvoyés ;
Les débris submergés sous la vague profonde ,
Rompus et dispersés reparaissent sur l'onde.
L'on ne voit que bateaux sur les vagues épars ,
Que meubles , que débris flottant de toutes parts.
Cependant , sous les flots , les terrains qui s'éboulent ,
Sapent les fondemens des maisons qui s'écroulent.
Seul reste désormais de ces grands bâtimens ,
La poussière surgit sur leurs débris fumans ,
Le bruit , répercuté par les rives voisines ,
Apprend aux habitans ces nouvelles ruines ;
Et l'hôte de ces toits , effrayé sur son sort ,
Peut à peine , en fuyant , échapper à la mort.

L'on croirait voir d'un Dieu la vengeance implacable.
Mais ce n'est pas assez du fléau qui l'accable :
L'habitant voit surgir sur l'immense torrent,
Comme pour éclairer un spectacle si grand ,
Un incendie affreux. La flamme dévorante
S'élève dans les airs , fait craquer la charpente,
Aux parois du logis se cramponne , se tord :
Tel , un reptile étreint la victime qu'il mord.
Quel spectacle effrayant ! Le feu qui tourbillonne ,
L'eau, dont le flot bondit, et s'engouffre, et bouillonne,
La terre s'entr'ouvrant sous le flot absorbé ,
L'air, qui pousse en grondant le nuage plombé ;
L'eau , la terre , le feu , l'air, élémens du monde ,
Impriment par leur lutte une terreur profonde ;
S'agitent violemment, de rage dévorés ,
Et montrent le chaos dont-ils furent tirés !
Et tandis que le flot court , se brise , tournoie ,
Que le feu se répand et dévore sa proie ,
Que les salons dorés s'écroulent sur les eaux ,
Que le cri des humains se mêle au bruit des flots,
Que l'airain agité de la cloche qui tinte
Fait retentir les airs d'une lugubre plainte ,
La nuit vient ajouter une nouvelle horreur
Au tableau dont l'aspect imprime la terreur.
Les habitans tremblans , à genoux sur la pierre ,
Au Dieu de la clémence adressent leur prière ,
Quand d'autres sans asile , éperdus , émigrans,
Aux pentes des coteaux portent leurs pas errans !
Amis , parens , voisins s'avancent pêle mêle.
Tenant un jeune enfant qui pend à sa mamelle ,

La pauvre mère fuit l'élément destructeur ;
Le père appelle un fils et le frère une sœur ;
Et pour montrer à l'œil cette lugubre scène ,
Les torches font briller leur lumière incertaine ;
Car du gaz merveilleux qui brillait dans la nuit
Le funeste élément envahit le conduit.

Quels sont ces malheureux, tremblans pour leur asile,
Qui gagnent à pas lents les hauteurs de la ville ?
Le père, quatre enfans, la pauvre mère en pleurs ,
Vont courir dans un char à de nouveaux malheurs.
Ils pressent leurs chevaux et, quittant la montagne ,
Ils dirigent leurs pas sur la plate campagne.
Bientôt tout chemin fuit sous leur œil dévorant,
Et leur obscur sentier se change en un torrent;
Bientôt l'eau, qui grossit, soulève la voiture ;
Les chevaux effrayés nagent à l'aventure.
Ah ! c'en est fait, grand Dieu ! le flot dans un instant
Submerge sous les eaux l'équipage flottant :
Enfans, femme, chevaux sont roulés dans les ondes.
Le père se débat sous les eaux vagabondes ;
C'est en vain qu'il s'agite ; il ne peut secourir
Sa femme et ses enfans que son œil voit périr;
Il fait jaillir les eaux de rage et d'épouvante.
L'inflexible torrent l'entraîne dans sa pente ;
Inutiles efforts, horreur, déception ,
Déchirement du cœur et malédiction !
L'effroi, le désespoir, la tendresse, la crainte ,
Tracent sur son visage une cruelle empreinte ;
Son cœur est écrasé sous le poids du tourment,
Et son corps entraîné par l'affreux élément !

A Vienne, j'ai tendu mon oreille attentive
A des accens plaintifs qui venaient de la rive.
Ecoutez, écoutez ces cantiques divins,
Ces suaves accords, ces voix de séraphins :

CANTIQUE DES FILLES DE LA CONGRÉGATION, (8)

O mon Dieu ! par des saints cantiques
Peut-on apaiser ton courroux ?
Lorsqu'à tes œuvres magnifiques
Tu portes de si rudes coups ;
Pouvons-nous, faibles créatures,
Dont les accens sont impostures,
Désarmer ton bras irrité ?
Aurons-nous le droit de nous plaindre,
Lorsqu'au lieu de t'aimer, te craindre,
Nous blasphémons ta sainteté ?

Hélas ! quand notre sort prospère,
Nous oublions notre néant,
Et notre ivresse passagère
Cache notre tombeau béant !
Au milieu des festins, des fêtes,
L'orage, planant sur nos têtes,
Frappe bientôt notre regard.
C'est ainsi qu'une main divine
D'un peuple traça la ruine,
Aux yeux surpris de Balthazar.

2,

Fiers des biens que ta main prodigue,
Nous ne pensons pas, insensés,
Que c'est par ruse, astuce, intrigue
Qu'ils furent par nous amassés.
L'homme, orgueilleux, vain et frivole,
Fait de lui-même son idole ;
Il méprise ta sainte loi,
Et, dans son arrogance extrême,
Il rapporte tout à lui-même,
Lorsque tout émane de toi.

L'avarice, rouille de l'âme,
L'orgueil, levain des passions,
De ses jours ourdissent la trame
Et flétrissent ses actions.
Son or le fait se méconnaître ;
L'égoïsme endurcit son être ;
Son cœur se ferme à l'amitié ;
Et puis, quand ta vengeance tonne,
Faudra-t-il que l'homme s'étonne
Si ton oreille est sans pitié ?

Si ta vengeance est nécessaire
Pour nous punir de nos méfaits,
O mon Dieu ! suspends ta colère,
Ou bien modère ses effets.
Que ta bonté nous soit propice ;
Nous n'implorons pas ta justice,
Qui pourrait compléter nos maux.
Notre orgueil devant toi s'incline :
Ta miséricorde divine
Peut seule nous sauver des flots.

Un jeune homme vogait sur un bois de charpente,
Sans savoir où des eaux l'entraînerait la pente.

La vague, cependant, le conduisait, hélas !
Près d'un gouffre où les eaux tombaient avec fracas.
Le fleuve resserré, de son onde prodigue,
Dans un espace immense avait rompu sa digue.
Le flot impétueux frémissant sur ce bord,
Imprimait la terreur, l'épouvante et la mort.
Dans l'abîme profond où manquait le rivage
Le flot tourbillonnant s'engouffrait avec rage,
Se brisait en grondant sur le flot écumeux,
Disparaissait à l'œil, reparaissait brumeux,
Variant mille fois sa face fantastique ;
Puis, poussé par l'élan d'une force élastique,
Rebondissait encor, et puis, s'aplatissant,
Rapide tourbillon, fuyait en mugissant.

Rien ne peut le soustraire à sa chute prochaine ;
Le flot impatient vers la brèche l'entraîne.
Ce gouffre dans ses sens imprime la terreur ;
Tout son sang est glacé d'épouvante et d'horreur !
Sur son front contracté ses cheveux se hérissent !
Sa voix reste muette et ses genoux fléchissent !
C'en est fait ! Rien ne peut le soustraire à la mort.
Il tombe avec fracas, il roule sur le bord ;
Il est froissé. Trois fois sur la vague sonore
Il revient, et trois fois le gouffre le dévore.
Enfin il le vomit, et, dans un tourbillon,
Son corps trace en fuyant un tortueux sillon.

Un homme, dans les champs, apesanti par l'âge,
Fuit l'onde, qui bientôt va couvrir le rivage ;
Mais son pas est trop lent : cerné de toute part,
Un arbre hospitalier, seul, s'offre à son regard.

Il y monte, et le pauvre, en tremblottant, espere
De voir à l'horizon un bateau tutélaire.
Mais vainement son cœur se soutient par l'espoir,
Et son œil effaré cherche et ne peut rien voir.
Cependant, sur les flots, comme il se décourage,
Quelques débris flottans s'offrent à leur passage.
Il s'élance, il saisit cet asile mouvant,
Il s'y tient en tremblant et flotte au gré du vent.
Après un long trajet, il arrive ; on l'accueille.
Ses dents claquent, son corps tremble comme la feuille ;
Par un froid glacial son cœur est oppressé ;
Dans ses membres raidis, tout son sang est glacé.
Son vêtement trempé, qui l'étreint et l'enlace,
Lui pèse sur le dos comme un manteau de glace ;
A peine s'il respire, et la froideur des eaux
Lui semble pénétrer la moelle de ses os.
Ses pieds sont engourdis, ses genoux s'entrechoquent,
Et de son corps glacé les membres se disloquent.

Quels sont ces corps vivans gisant sur des tombeaux,
Qu'on voit à la lueur de rougeâtres flambeaux ?
Hélas ! c'est Valabrègue au milieu des ténèbres,
Qui n'a pour tout abri que des couches funèbres !
Quel lugubre spectacle en ce lieu de douleurs !...
Sur le corps d'une mère une fille est en pleurs.
Un époux va porter sa sombre rêverie
Aux tristes lieux où gît sa compagne chérie.
Sur le terrain mouvant une femme, à genoux,
Pleure avec son enfant la perte d'un époux.
« Mère, que faisons-nous sur cette froide terre ?
A dit le jeune enfant, allons voir si mon père

N'est pas encor venu. Tu pleures, pourquoi donc ?
Tu m'as dis qu'il dormait... Son sommeil est bien long !.
Lui qui nous aimait tant !..Pourquoi nous faire attendre ?
Mère, ne pleure pas ; bientôt il va se rendre......
Mon Dieu, comme j'ai froid !.. Mère, n'as-tu pas faim ?.
Nous n'avions pour nous deux qu'un seul morceau de pain ;
Tu me l'as donné tout.... Oh ! ta main est gelée !
Viens, allons-nous chauffer. » La mère désolée
A suivi son enfant. Ils se placent tous deux
Près d'un groupe attristé, sombre, silencieux,
Où d'un morne foyer une lugubre teinte,
Vient colorer ces fronts sillonnés par la crainte !

Et cependant le flot, de plus en plus bruyant,
Vient augmenter l'horreur du spectacle effrayant.
Oh ! qui rapporterait les scènes douloureuses
Que déroulent aux yeux les vagues furieuses !
Des troupeaux de moutons, des chevaux attelés,
Des charrettes, des bois, pêle-mêle roulés ;
Des débris de maisons, des portes, des charpentes,
Des reptiles rempans sur des barques flottantes ;
Des tonneaux d'alcool, des meubles luxueux,
Des taureaux submergés sous des joncs limoneux,
De leurs débris flottans couvrent toute la plaine,
Et des corps dégoûtans sont épars sur l'arène.
Attirés par l'odeur, de sinistres oiseaux
Planent au haut des airs, s'abaissent sur les eaux,
Et de leurs becs crochus, de leurs serres sanglantes
Dépècent des lambeaux de ces chairs dégoûtantes.

III.

Loin de moi, loin de moi ces scènes de douleur !
Loin de moi ces tableaux qui déchirent le cœur !
Ne touche plus, ma main, cette lugubre corde :
Avec la voix du cœur que ma lyre s'accorde.
Ah ! n'ai-je point encor de suaves accens
Qui puissent dissiper le trouble de mes sens ?
Reposez-vous, mes yeux, sur des tableaux moins sombres,
Où des rayons d'espoir puissent chasser les ombres ;
Où l'esprit, soulevant le crêpe des douleurs,
Offre encor au regard quelques légères fleurs.
J'ai parcouru de l'œil la plaine submergée,
La fertile campagne en vaste lac changée.
Mon œil a vu partout, sous l'affreux élément,
Des actes d'héroïsme et d'un grand dévouement.
Partout des magistrats font éclater leur zèle ;
Les bateaux à vapeur, la barque la plus frêle,
Ont sillonné les flots et porté des secours
Aux pauvres malheureux qui trembloient pour leurs jours.
En vain le vent mugit et l'onde est courroucée :
La barque fuit toujours, sur les eaux balancée.
Ici, dans un canot, sur le flot dangereux,
N'écoutant que la voix de son cœur généreux,
Gonet trace un sillon sur la plaine mouvante (9),
Et va porter la vie où régnait l'épouvante.

Là , *l'Aigle*, *le Papin* avec *le Jupiter* (10),
Prompts à porter secours , sur les eaux fendent l'air,
Et , cherchant le malheur où le malheur appelle ,
Du déluge nouveau sont une arche nouvelle.

Blanchard , du dévouement , de l'émulation (11)
Imprime dans les cœurs la forte impulsion :
Sa main , qui vient d'offrir le divin sacrifice ,
De manœuvre aujourd'hui fera le simple office.

De Jessaint est partout ; il laboure en tout sens
Les lieux où des douleurs s'entendent les accens.
Son œil voit tout , sa main à tous est salutaire ;
Au milieu des malheurs c'est un Dieu tutélaire,

Un pauvre naufragé roulait dans un courant ;
Un pêcheur a tenté de vaincre le torrent.
De son bateau léger il fait glisser la poupe
Sur le flot, qui, soudain, l'enlève sur sa croupe ;
Puis, creusant un sillon, se déroule sous lui ,
Et semble l'abîmer sur son mobile appui.
Le fragile bateau tantôt paraît sur l'onde ,
Et tantôt disparaît sous la vague profonde.
Cependant sur les flots l'intrépide pêcheur
A franchi le torrent, et le pauvre nageur
Monte sur le bateau qui lui sauve la vie.
Ils étaient près du bord quand leur course dévie :
Le torrent, plus rapide, entraîne vers un pont ,
A demi-renversé sur le gouffre profond ,
Les deux infortunés. Mille cris d'épouvante
Ont ébranlé les airs. Le bateau suit la pente ,
Se brise en mille éclats ; mais le pont renversé
Reçoit les deux amis sur son bois fracassé.

Ils se sont accrochés à la rampe mobile,
Et ne sont pas plus tôt sur le quai de la ville,
Que le reste du pont qui résistait aux flots,
S'écroule avec fracas sur la masse des eaux.
Un fermier et sa femme étaient sur leur chaumière,
Et la femme touchait à son heure dernière.
Leur œil impatient semblait chercher en vain
Un bateau qui parut sur l'horizon lointain ;
Mais elle leur parut si frêle, sa carène,
Que l'avide regard la découvrait à peine,
Et que le moindre flot que le vent recourbait
Au regard inquiet soudain la dérobait.
Ils virent cependant que, léger et rapide,
Le pêcheur s'avançait en fendant le liquide.
« Je n'en puis sauver qu'un, a dit le batelier ; »
Et la femme a saisi son bras hospitalier ;
Et tandis qu'en fuyant le bateau fend la houle,
Sur le courant des eaux la chaumière s'écroule.
On a dit cependant, le ciel en soit béni,
Qu'on avait encor vu le couple réuni.
Près des lieux où se tient la scène désastreuse,
Vit le jeune Victor à l'âme généreuse.
Romanesque, intrépide, et souvent imprudent,
Aucun projet ne coûte à son esprit ardent.
Sitôt qu'il voit les eaux qui submergent la terre,
Il prend un aviron, une barque légère,
Et, ne pensant à rien qu'à porter des secours,
Seul, au milieu des flots, il expose ses jours.
Son esprit agité ne rêve qu'aventures;
Son œil impatient cherche sur les toitures,

Les arbres isolés, les tertres dominans ;
Rien ne s'offre d'abord sur ces points culminans.
Son cœur désespérait, quand son regard avide
Finit par découvrir en plongeant dans le vide,
Un signe de détresse. Il s'élance soudain,
Sur son siége mouvant il bondit comme un daim ;
Avec des bras de fer il pousse la nacelle ;
Son œil brille d'espoir, son visage ruisselle.
La distance n'est rien ; c'est en vain que le vent
Oppose son effort et le cristal mouvant :
Son cœur a triomphé de cette résistance,
Et son bras généreux a franchi la distance.
    Une fille était-là, sur un toit isolé ;
L'espérance avait fui de son cœur désolé.
La pâleur de la mort était sur son visage ;
Ses bras étaient collés autour de son corsage ;
Sa lèvre violette et son œil presque éteint
Altéraient seulement la blancheur de son teint.
« O mon Dieu ! prenez-moi, prenez-moi, disait-elle ;
Je n'ai plus d'espérance, et ma souffrance est telle,
Que vivre est un supplice ! O faites-moi mourir !
Mais, que vois-je ! quelqu'un viendrait me secourir ?
Il arrive bien tard ce secours que j'implore !
Mon sang va se geler, ma paupière se clore.
Déjà je ne sens plus mes membres engourdis,
Et mon cœur ne bat plus sous mes bras arrondis. »
Et tandis que la mort la couvait de son aile,
Victor fixait sur elle une ardente prunelle :
« Courage, cria-t-il, je vais vous secourir,
Bientôt vous n'aurez plus à pleurer, à souffrir.

Courage ! que l'espoir renaisse dans votre âme.
Mon bras de vos beaux jours va renouer la trame. »
Et, redoublant d'efforts, il avance toujours ;
Mais la vague bientôt, plus rapide en son cours,
A son bateau léger oppose une barrière,
Se gonfle sous son flanc et le jette en arrière.
   Entre la jeune fille et le frêle bateau
Un rivage rompu formait un courant d'eau,
Et ce courant, à l'œil, paraissait si rapide,
Qu'il retint un moment le jeune homme intrépide.
Il s'avance pourtant plus actif et plus prompt,
Et voguant quelque temps sur la vague qu'il rompt,
Au milieu du courant, où la barque chancelle,
Il voit bientôt enfin submerger sa nacelle.
Victor revient sur l'onde, en obliquant d'abord,
Après un long circuit il atteint l'autre bord ;
Et découvrant non loin un tertre solitaire,
Le courant a cessé ; son pied touche la terre.
Il frémit, maudissant son effort impuissant.
Il mord dans son dépit sa lèvre jusqu'au sang ;
Il se frappe le front, et d'une voix qui râle,
Il dit : « Ce sera là ma couche sépulcrale,
Ou je la sauverai ! » S'élançant d'un seul bond,
Il fait jaillir les eaux de l'abîme profond ;
Et dirigeant sa course auprès de la demeure ;
Craignant que la victime en ce temps-là ne meure,
Son bras impatient fend le flot courroucé.
Il arrive à la fin sous le toit délaissé.
Il pénètre au dedans, et, d'une main active,
Construisant un radeau sur l'onde fugitive,

Il enlève d'un bras le précieux fardeau.
La jeune fille et lui voguent sur le radeau ,
Passent heureusement sur l'affreux précipice ,
Et sont conduits au bord par la vague propice.
Oh ! si ces traits sont beaux , combien d'autres encor
De la lyre , du cœur provoqueraient l'accord !
Combien d'autres cachés et dignes de paraître ,
Que le temps seulement pourra faire connaître !
Qu'il est doux de penser, dans ces momens de deuil ,
Qu'un bras compatissant est auprès d'un cercueil !
Qu'il arrache à la mort une frêle existence !
Que l'homme s'associe avec la Providence !
Et que la charité , divin baume du cœur,
Etend chez les humains son empire vainqueur !
Et nous , pauvres mortels , si sujets à l'orage ,
Nous , qui vîmes de loin les débris du naufrage ,
Qui sommes à l'abri du vent de la douleur,
Peut-être que sur nous est la main du malheur.
Ah ! ne nous flattons point de nos vaines sciences.
L'homme acquiert, il est vrai, de vastes connaissances :
Il parle aux élémens qu'il soumet à son frein,
Il pétrit sous ses doigts le salpêtre et l'airain ;
Compressant sous le fer la vapeur du liquide,
Il dépasse l'oiseau dans sa course rapide ;
Comme aux temps féériens sous ses doigts le gaz luit,
Et ramène le jour au milieu de la nuit ;
Le télégraphe , au ciel, signe hiéroglyphique ,
Transmet en un clin-d'œil la sombre politique ;
Et de Daguerre , enfin , le magique miroir
Retrace les objets que l'œil croit encor voir.

Oui, l'homme est fort et fier de son intelligence :
Il laboure en tout sens le champ de la science ;
Mais si la main de Dieu s'appesantit sur nous,
Hommes fiers et puissans, nous plions les genoux.
Dans la prospérité nous relevons la tête
Comme un chêne robuste, et la moindre tempête
Fait du robuste chêne un fragile roseau.
Nous sommes écrasés comme le vermisseau
Que le pied du passant a broyé sur l'arène ;
Nous sommes le jouet que le torrent entraîne ;
Nous sommes le ciron qui se croit un géant,
Et près du Dieu vengeur notre force est néant.
Ah ! ne nous flattons point d'une vaine science,
Et semons de bienfaits le champ de l'existence !
L'égoïsme le laisse en sa stérilité,
Mais il devient fertile avec la charité.
On cueille le bonheur quand on sème l'aumône.
A quoi nous serviront les biens que Dieu nous donne,
Si de l'amour divin, inutile instrument,
Nous fermons notre cœur au plus doux sentiment ?
Si la pitié s'éteint dans nos âmes arides ?
Au milieu des trésors si nos cœurs sont avides?
Si nous cueillons toujours et ne semons jamais?
Qui déride le front si ce n'est les bienfaits
Que sème notre main ? Qui fait naître la joie
Sinon la charité que notre âme déploie?
    Cependant le bonheur règne sous nos lambris ;
Nous passons nos loisirs dans les jeux, dans les ris ;
Quand tout un peuple en deuil se meurt de faim et pleure,
Le bonheur, l'abondance est dans notre demeure ;

Dans un lit somptueux le duvet nous reçoit ,
Tandis qu'un malheureux est tremblant sur son toit ,
Ou qu'il n'a pour abri que les branches d'un arbre.
Possédons-nous un cœur ou sommes-nous de marbre ?

Semez , Frères, semez ! Un doux élan du cœur,
Et nous pourrons combler l'abîme du malheur !
Ah ! refuserez-vous une aumône légère ,
Quand votre superflu peut finir leur misère ?
Semez , Frères , semez ; savez-vous si demain
Vous n'aurez pas besoin qu'on vous tende la main ?
Secourir est un bien que votre cœur réclame.
Frères , la charité c'est le parfum de l'âme !
Et si dans la douleur doit venir votre tour,
Semez , Frères , semez , pour recueillir un jour.

FIN.

NOTES.

⟶⬥⬥⟵

(1)   Le serpent se blottit où nichait la fauvette.

L'on voyait réunis sur deux monticules et vivant à l'état de paix, les animaux à l'humeur la plus antipathique, tant la crainte de la mort efface tout autre sentiment. Les rats, les serpens se dirigaient vers les bateaux et semblaient implorer la protection de l'homme, leur plus inplacable ennemi. Les poutres, planches, bateaux, qui flottaient au gré des vents, étaient couverts de myriades d'insectes : d'araignées, de sauterelles, de scarabées, de grillons qui, par leurs formes variées, par leurs diverses et brillantes couleurs, formaient des objets qu'ils recouvraient, et que l'œil méconnaissait d'abord, autant de pièces d'une sculpture inimitable ou d'une délicieuse broderie. La main ne pouvait retirer le moindre objet de l'eau sans que le corps ne fut aussitôt couvert de mille insectes. — L'auteur, dans un petit bateau, voguait sur la plaine du Vistre. Comme le vent commençait à soulever la vague, il voulut se mettre à l'abri d'un *mazet* à moitié couvert par les eaux et qu'une vigne entourait de ses bras flexibles. Ayant saisi un cep, sa main, qui sentit un corps froid, se retira comme au contact d'un charbon ardent ; il n'y avait pas une seule place où reposer la main, et la treille, dans toute son étendue, fléchissait sous le poids d'une superbe guirlande, d'une guirlande vivante de serpens.

(2) Arles, autrefois métropole des Gaules, fut ravagée, en 270, et relevée et embellie par Constantin en 310.

(3)   Roquemaure, qui vit Annibal dans son sein.

Annibal y passa le Rhône.

(4) St-Rémy , patrie de Michel Nostradamus.

(5)   Valence , qui d'un pape a retenu les os.

Le pape Pie VI , illustre par ses malheurs , mourut à Valence , en 1799.

(6) Châlons-sur-Saône fut ruinée par Attila.

(7) A Pessux , village près du Doubs , le curé a été noyé dans sa cure.

(8) A Vienne , les filles de la congrégation , portant la statue de la Vierge , ont passé la soirée à genoux sur la chaussée , à côté des travailleurs , dans l'eau jusqu'à la ceinture.

(9) Gonet , inspecteur de la douane.

(10) Bateaux à vapeur.

(11) Curé d'Aiguesmortes.

(12) Nous aurions pu citer un bien plus grand nombre d'actes de dévouement , si les faits nous avaient été connus comme aujourd'hui ; mais nous tenions à ce que ce petit ouvrage parût de suite, pour que son produit pût profiter aux victimes du fléau. Nous regrettons que la presse en ait retardé l'apparition ; mais nous serons satisfait si le public , considérant un peu l'achat de cette brochure comme un acte de charité , nous donne le moyen d'en faire paraître bientôt une deuxième édition plus complète et mieux finie.